RECHERCHES

SUR LES MOYENS

D'EXÉCUTER SOUS L'EAU

TOUTES SORTES

DE TRAVAUX HYDRAULIQUES

SANS EMPLOYER AUCUN ÉPUISEMENT.

Par M. COULOMB, *Capitaine en premier dans le Corps Royal du Génie, Correspondant de l'Académie Royale des Sciences.*

A PARIS, *rue Dauphine*,

Chez CHARLES-ANTOINE JOMBERT, fils ainé, Libraire du Roi pour le Génie & l'Artillerie.

M. DCC. LXXIX.

RECHERCHES

SUR LES MOYENS

D'EXÉCUTER SOUS L'EAU

TOUTES SORTES

DE TRAVAUX HYDRAULIQUES

SANS EMPLOYER AUCUN ÉPUISEMENT.

CE Mémoire étoit deftiné pour le concours d'un prix propofé par l'Académie des Sciences & Belles-Lettres de Rouen, & dont le terme eft fixé au mois d'Août prochain ; des raifons particulieres relatives au fervice du Roi, m'ont forcé d'en hâter la publication. Je l'ai laiffé fous la forme qui répond aux données de la queftion ; mais l'on verra que les moyens que je propofe, quoiqu'appliqués à un exemple particu-lier, font généraux ; qu'ils répondent à tous les genres d'excavation que l'on peut faire fous l'eau ; aux profondeurs qu'exige la navigation de nos ports, de nos rades & de nos rivières ; qu'ils fatisfont également à tous les genres de travaux, & aux maçonneries que l'on voudra fonder fous l'eau à des profondeurs de trente à quarante pieds.

QUESTION.

L'on demande, de recéper fous l'eau dont il eft toujours couvert, un rocher qui interrompt la navigation de la Seine auprès de Quillebeuf ?

Le rocher refte fubmergé d'environ un pied dans les plus baffes eaux ; il eft de foixante à quatre-vingts pieds de longueur fur trente à quarante de largeur. Les Pilotes defireroient, qu'il fût feulement recepé de trois pieds dans fa fuperficie.

Defcription d'un bateau à air, propre à exécuter fous l'eau toutes fortes de travaux Hydrauliques.

Le bateau dont je propofe l'ufage dans ce Mémoire, eft conftruit d'après l'idée qui a fait imaginer la cloche du plongeur ; mais il eft exempt des défauts qui ont rendu cette cloche inutile dans la pratique.

Ce bateau a la forme de trois caiffes jointes l'une à l'autre, faifant en tout une longueur de vingt-quatre pieds fur neuf pieds de largeur. La Fig. 1 repréfente ce bateau vu en perfpective ; la Fig. 2 repréfente fon plan ; les Fig. 3 & 4 font deux coupes verticales correfpondantes aux lignes défignées au plan : les deux caiffes *A* & *B*, qui forment les extrêmités du bateau, ont neuf pieds dans le fens de la longueur du bateau ; celle du centre n'a que fix pieds dans œuvre. Les caiffes *A* & *B* ont neuf pieds fix pouces de hauteur ; celle du centre a onze pieds, & eft pofée de maniere, qu'elle dépaffe (Fig. 3) les caiffes *A* & *B* de fept à huit pouces dans leur partie inférieure, & à-peu-près d'un pied dans la partie fupérieure. La partie inférieure des caiffes *A* & *B* eft fermée par un fond en madriers, en forte qu'elles forment ponton ; la caiffe du centre qui eft celle où l'air doit être comprimé, eft ouverte en entier dans fa partie inférieure, & eft fermée par un plafond en madriers dans fa partie fupérieure : ce plafond eft percé de trois trous. Le premier trou *a* (Fig. 1) de dix-huit à vingt pouces de diametre, fe ferme exactement au moyen d'une trappe garnie de cuir ; ce trou eft deftiné à introduire les travailleurs dans la caiffe de compreffion ; au centre de cette trappe, l'on pratique un chaffis où l'on cimente avec foin une glace très-épaiffe pour donner du jour dans l'intérieur de la caiffe ; cette glace eft foutenue extérieurement par plufieurs tringles, pour empêcher l'air qui doit être comprimé dans la caiffe, de l'enfoncer. Le fecond trou *b* n'a que deux pouces de diametre ; il fe ferme en deffous par une petite foupape à contrepoids, qui empêche l'air comprimé dans la caiffe de s'échapper ; ce trou donne communication au moyen d'un tuyau,

A iij

entre la caiſſe de compreſſion & un ſoufflet placé ſur le plafond de cette caiſſe & deſtiné à y renouveller & à y comprimer l'air. Le troiſiéme trou *d*, eſt ſurmonté d'un tuyau vertical d'un ou deux pieds de longueur, garni à ſon extrêmité ſupérieure d'un robinet ouvert en partie pour évacuer l'air que la reſpiration des hommes pourroit corrompre, & qui ſera chaſſé par l'air nouveau que les ſoufflets introduiront continuellement dans la caiſſe *C*.

L'on voit (Fig. 5) une coupe du ſoufflet dans le ſens de ſa longueur ; l'air entre dans ce ſoufflet au moyen d'un trou *d* garni d'une ſoupape ; en fermant le ſoufflet cette ſoupape ſe ferme, & l'air paſſant dans le tuyau *a b* ſouleve une autre ſoupape *b*, & entre dans la chambre de compreſſion.

La chambre de compreſſion eſt doublée intérieurement avec des lames de plomb ſoudées avec ſoin, pour empêcher l'air comprimé de s'échapper par les joints des madriers.

Les détails de la conſtruction & liaiſon de ce bateau ſont faciles à imaginer d'après nos figures ; celui que nous repréſentons eſt formé au moyen d'un double bordage de trois pouces d'épaiſſeur. **Les** madriers poſés horiſontalement ſuivant la longueur du bateau, ſont percés de quatre trous pour recevoir les tenons des madriers horiſontaux qui forment la ſéparation des caiſſes. Ces tenons ſont aſſujettis par des clefs. Un ſecond bordage de madriers poſés verticalement recroiſe à angle droit les madriers horiſontaux contre leſquels il eſt bouloné & chevillé ;

ce qui donne à l'enfemble la plus grande folidité. Le fond des pontons *A* & *B* & le plafond de la chambre de compreffion *C*, font attachés contre une liffe horifontale que l'on voit à la Fig. 3. La folidité de la charpente que nous venons de décrire, s'augmentera facilement par d'autres moyens de liaifon, que tout conftructeur de bateau eft en état d'imaginer & d'exécuter.

Manœuvre du bateau.

Le bateau fera lefté de maniere que les pontons s'enfoncent de fept pieds dans l'eau, en forte que la chambre de compreffion aura fept pieds & demi de tirant d'eau, l'eau rempliffant jufqu'à cette hauteur l'intérieur de cette chambre. Ainfi lorfqu'il n'y aura plus que fept pieds & demi de hauteur d'eau fur le rocher, le bord inférieur de la chambre *C* commencera à le toucher. Il n'eft plus queftion pour pouvoir déblaier le rocher, que d'introduire les travailleurs dans la caiffe de compreffion, de fermer la trappe, & de chaffer au moyen des foufflets, toute l'eau contenue dans la chambre de compreffion, en y fubftituant de l'air à la place. Par-là lorfque le bord inférieur de la caiffe de compreffion touchera le rocher, toute la partie renfermée fous cette caiffe fe trouvera à fec.

Je fuppofe donc, pour fixer l'imagination par une opération particuliere, qui peut être cependant variée fuivant les circonftances locales, que lorfqu'il ne reftera plus que fept pieds & demi de hauteur d'eau au-deffus de la partie du rocher que l'on veut déblaier, quatre hommes s'introduisent par le trou *a* (Fig. 1), dans la caisse de compression *C*, où il reste au-dessus de l'eau un emplacement de trois pieds & demi de hauteur : si l'on ferme la trappe, & que l'on fasse agir les soufflets, l'air se condensera dans la chambre, & ne trouvant aucune issue pour s'échapper, il en chassera l'eau. Mais l'on doit remarquer, qu'en même temps que l'air en se condensant vuidera l'eau de dessous la caisse, il fera effort par sa réaction contre le plafond de cette même caisse, & il soulevera le bateau ; en sorte que la chambre de compression, ayant six pieds dans un sens, & neuf pieds dans l'autre, & les caisses *A* & *B* (Fig. 1) ayant pour base un quarré de neuf pieds de côté, le tirant d'eau de la caisse *C*, qui primitivement étoit de sept pieds six pouces, se trouvera réduit, lorsque l'eau aura été complettement chassée de dessous la caisse, à cinq pieds sept pouces six lignes (1). Ainsi après cette opération, le bord infé-

---

(1) Voici le calcul qui déterminera le tirant d'eau du bateau. Dans la Fig. *6*, *Cl* représente le tirant d'eau de la chambre de compression avant que l'air soit condensé ; *Cg* représente le tirant d'eau de cette même chambre après la condensation, & que toute l'eau a été chassée : ainsi la condensation de l'air répond pour lors à une colonne d'une hauteur *Cg*, & par conséquent le plafond de la chambre est pressé par une action égale à une colonne d'eau de la hauteur *Cg*. Donc en supposant que *B* soit égal à une section horisontale de la caisse de compression, *B* multiplié par *Cg* exprimera la pression que l'air condensé exerce pour soulever le bateau. Or comme le

rieur de la chambre de compreſſion ne commencera à toucher le rocher que lorſqu'il ne reſtera plus que cinq pieds ſept pouces ſix lignes de hauteur d'eau au-deſſus ; & pour lors toute la partie du rocher renfermée ſous la chambre de compreſſion, qui forme ici une ſurface de cinquante-quatre pieds quarrés, ſe trouvera abſolument à ſec, ſi le rocher eſt horiſontal ; & ſi le rocher eſt incliné, il n'y aura que la partie la plus élevée du rocher qui ſera découverte ; dans la partie inférieure, il reſtera une hauteur d'eau égale à la pente du rocher ſur neuf pieds de longueur, qui eſt la plus grande dimenſion de notre chambre. Cette hauteur au ſurplus ne ſera jamais que de quelques pouces, ſi le travail eſt conduit avec intelligence. Dans tous les cas les travailleurs renfermés dans la caiſſe de compreſſion, ſe pourvoiront de quelques pieds cubes d'argile, pour pouvoir boucher la jonction du rocher avec le bord de la chambre, non-ſeulement dans les parties les plus élevées, mais même dans la plus grande partie du contour, s'ils le jugent néceſſaire. Ils formeront de plus, contre un des coins de la chambre,

---

bateau eſt ſuppoſé relevé de la quantité gl, ſi A eſt égal à la ſurface horiſontale des deux pontons, $A.lg$ ſera la différence des maſſes d'eau déplacées avant & après la condenſation de l'air. Ainſi, ſuivant les loix de l'équilibre des fluides, nous aurons l'équation $A.lg = A(Cl - lg) = B.Cg$; d'où $Cg = \dfrac{A.Cl}{A - B}$. En appliquant cette formule à notre exemple, l'on aura $Cl = 7^{\mathrm{pi}}\,\tfrac{1}{2}$, $A = 18^{\mathrm{pi}} \times 9^{\mathrm{pi}}$, $B = 6^{\mathrm{pi}} \times 9^{\mathrm{pi}}$, & par conſéquent $Cg = 5^{\mathrm{pi}}\ 7^{\mathrm{p}}\ 6^{\mathrm{l}}$.

un petit baſſin d'un pied de diametre, communiquant avec l'eau extérieure, pour y vuider avec une pelle hollandoiſe ou quelque moyen équivalent, les eaux qui filtreroient dans leur travail: dans le déblai, ils s'arraſeront par couches de niveau à-peu-près d'un pied d'épaiſſeur. Voici la marche que l'on pourra ſuivre dans la conduite de l'ouvrage. L'on commencera par renfermer ſous la caiſſe, & par déblaier la ſommité du rocher que l'on enfoncera ſeulement d'un pied; enſuite l'on arraſera à ce niveau toutes les parties voiſines. Lorſque le rocher aura été baiſſé d'un pied, l'on entreprendra une ſeconde couche de là même épaiſſeur que la premiere, l'on s'arraſera par-tout de niveau; la troiſiéme couche s'entreprendra, & s'exécutera comme les deux autres: le rocher après cette opération, ſe trouvera baiſſé de trois pieds, comme l'exigent les données de la queſtion.

Comme le rocher de Quillebeuf a à-peu-près deux mille quatre cens pieds quarrés de ſurface; ſi l'on réduit l'ouvrage des quatre travailleurs renfermés ſous la caiſſe, à cinquante pieds cubes par marée, l'on trouvera qu'il ne faudra que cent quarante-quatre marées, ou ſoixante-douze jours pour déblaier le rocher. Nous comptons, que quatre hommes feront ſuffiſans pour manœuvrer les ſoufflets: ainſi ce ſera huit hommes employés tous les jours ſur notre bateau. Doublons ſi nous voulons cette quantité; ajoutons-y les frais de la conſtruction du bateau, qui doivent cependant être diſtribués, entre le travail que nous propoſons, & tous ceux du même genre que l'on exécutera dans le cours de la

Seine & fur les côtes voifines , & l'on trouvera , que
la dépenfe de cette opération fera fans nulle proportion moins confidérable que celle qui réfulteroit des
moyens ordinaires.

Voici comme l'on pourra eftimer le temps néceffaire aux quatre travailleurs , pour remplir la caiffe de
compreffion d'air condenfé , & pour chaffer toute l'eau
qui y eft contenue.

Suivant les expériences du Docteur Défaguilliers (1),
un homme peut élever avec une bonne machine , par
un tuyau , un muid ou huit pieds cubes d'eau à dix
pieds dans une minute ; ou , ce qui revient au même ,
un peu plus de quatorze pieds cubes à cinq pieds fept
pouces fix lignes. Or la compreffion de l'air , & par
conféquent la réaction de fa preffion , eft fuppofée
répondre à une colonne d'eau de cinq pieds fept pouces
fix lignes ; ainfi en proportionnant les dimenfions des
foufflets , & la longueur des leviers , de maniere que les
hommes puiffent commodément y employer leur force ,
un feul homme pourroit fournir dans la caiffe de compreffion quatorze pieds cubes d'air par minute , & les
quatre hommes en fourniroient cinquante-fix pieds
cubes , auffi par minute : mais comme la caiffe de
compreffion contient un volume de cinq cens quatre-
vingt-quatorze pieds cubes , & que l'air athmofphérique n'y eft pas tout à-fait comprimé d'un cinquiéme
de fon volume ; il s'enfuit , qu'après la compreffion , il

---

(1) Cours de Phyfique expérimentale , trad. Franç. tom. II,
pag. 593.

y aura sept cens douze pieds cubes d'air athmosphérique renfermé dans la caisse de compression. Mais avant le commencement de l'opération, il restoit dans la partie supérieure de la caisse, un espace de trois pieds & demi de hauteur au dessus de l'eau, qui contenoit cent quatre-vingt-neuf pieds cubes d'air; ôtant cette quantité de sept cens douze pieds cubes que contient la caisse après la compression, il en résulte, qu'il faudra introduire cinq cens vingt trois pieds cubes d'air athmosphérique, pour vuider toute l'eau contenue dans la caisse; ce qui d'après les calculs qui précédent, s'opérera facilement dans dix minutes par quatre hommes, puisqu'ils peuvent élever à cinq pieds sept pouces six lignes cinq cens soixante pieds cubes d'eau dans dix minutes. Il y aura à la vérité une partie des forces perdue, parce qu'il faut qu'avant de pouvoir faire passer l'air du soufflet dans la caisse de compression, cet air soit réduit dans le soufflet au même degré de densité où il se trouve dans la caisse; ainsi il faut que le volume d'air renfermé dans le soufflet, soit diminué à-peu-près d'un cinquiéme, avant que l'action des hommes soit employée utilement à faire passer l'air dans la caisse de compression. Mais cette perte de force ne peut guère être estimée qu'à un dixiéme de la force totale, parce que la résistance qu'oppose l'air comprimé à l'action des hommes, est nulle lorsque le soufflet est entiérement ouvert, & que cette résistance n'équivaut à une colonne d'eau de cinq pieds sept pouces six lignes, que lorsque l'air a acquis le même degré de densité dans le soufflet que dans la caisse.

L'on doit faire la même réflexion par rapport à la somme des forces que les hommes feront obligés d'employer pour remplir la caiſſe. Dans le commencement de l'opération, la denſité de l'air étant la même dans la caiſſe & dans l'athmoſphere, la réſiſtance que les hommes éprouvent pour commencer à condenſer l'air dans la caiſſe, eſt nulle ; & ce n'eſt que lorſque l'eau eſt entiérement chaſſée de la caiſſe, qu'ils ont à vaincre une réſiſtance répondante à une colonne d'eau de cinq pieds ſept pouces ſix lignes ; en ſorte que la réſiſtance moyenne ne peut guère être eſtimée au-delà d'une colonne d'eau de trois pieds de hauteur. Ce qui d'après le calcul des machines, réduiroit le travail néceſſaire pour vuider entiérement la caiſſe de compreſſion, à ſix ou ſept minutes de temps. La conſommation de l'air reſpiré par les hommes, eſt eſtimée par M. Déſaguilliers (1), à un muid ou à huit pieds cubes d'air par heure ; ainſi ce ne ſera qu'une conſommation de ſix ou ſept pieds cubes au plus, pour le temps qu'il faudra aux quatre hommes pour vuider la caiſſe. Doublons ſi nous voulons la perte des forces ; augmentons la conſommation d'air que les hommes reſpirent ; forçons au déſavantage de notre machine, tous les accidens qui pourroient en retarder l'effet ; ſuppoſons que pour purifier l'air de la caiſſe, l'on évacue par minute quatre ou cinq pieds cubes d'air par le tuyau placé ſur le plafond de la caiſſe : nous ne pourrons jamais, malgré tous ces déſavantages, eſtimer

---

(1) Tome II, page 336.

à plus de quinze minutes, le temps néceffaire à quatre hommes, pour vuider la caiffe & mettre le rocher à fec. Lorfque l'eau aura été entiérement chaffée de la caiffe de compreffion, deux hommes fuffiront pour entretenir une circulation, qui rendra l'air renfermé dans cette caiffe, plus pur que celui que l'on refpire dans nos falles de fpectacle, & dans la plupart de nos appartemens.

S'il pouvoit refter quelques doutes, il fuffira pour les diffiper, de faire réflexion, qu'il fera toujours facile d'augmenter le nombre des foufflets, & celui des travailleurs qui doivent les mettre en mouvement ; & que quatre ou cinq manœuvres de plus n'influeront jamais fenfiblement fur la dépenfe d'un pareil travail.

Lorfque l'on voudra donner une grande denfité à l'air, comme par exemple le double de la denfité athmofphérique, l'on pourra fubftituer des pompes aux foufflets : les pompes à pifton de mercure, exécutées en Angleterre & décrites par Défaguilliers (1), me paroiffent préférables pour condenfer l'air, à toutes celles que l'on trouve dans nos cabinets de phyfique ; mais nous croyons cependant que lorfqu'il ne faudra condenfer l'air de la caiffe que d'un tiers de plus que la denfité athmofphérique, c'eft-à-dire, qu'il faudra feulement foutenir par la compreffion de l'air, une colonne d'eau de dix ou onze pieds, des foufflets feront plus commodes.

_____

(1) Tome II, page 576.

On auroit pu augmenter les dimenſions de notre chambre & celles des pontons à proportion ; il en feroit réfulté que l'on auroit pu y renfermer un plus grand nombre de travailleurs, & embraſſer à chaque marée une plus grande ſurface ; mais il nous a paru que tout compenſé, les dimenſions que nous adoptons ſuffiſoient pour ſatisfaire à la queſtion actuelle. La hauteur de la chambre a été reglée de maniere que les hommes commençaſſent à travailler lorſqu'il reſteroit encore cinq pieds ſept pouces de hauteur d'eau au-deſſus du rocher ; mais d'après les données de la queſtion, comme le rocher ne reſte couvert à baſſe mer que d'un pied de hauteur d'eau, les travailleurs, dans beaucoup de marées, auront plus de trois heures de travail ; tems que nous croyons ſuffiſant à quatre hommes pour enlever cinquante pieds de ſurface ſur un pied de profondeur, quand même ils feroient gênés par huit ou neuf pouces de hauteur d'eau.

Il nous reſte encore pour remplir l'objet de ce Mémoire, de chercher les moyens de ſe débarraſſer à chaque marée, des deblais que les travailleurs formeront ſous la caiſſe de compreſſion. L'on voit (Fig. 3 & 4) dans l'intérieur de cette caiſſe, une grande hotte qui a cinq pieds de hauteur, trois pieds de largeur dans la partie ſupérieure, & ſeulement un pied & demi dans la partie inférieure : le fond qui ferme la partie inférieure de cette hotte, eſt attaché à charnieres au côté de la chambre, & eſt ſoutenu au moyen de deux chaînes liées au plafond de la chambre, mais que l'on peut lâcher à **volonté**; cette hotte eſt attachée trois ou quatre pieds plus haut que le terrein que l'on veut déblaier, pour que l'on puiſſe travailler par-deſſous; elle a toute la longueur de la chambre, & elle contiendra facilement les déblais que quatre travailleurs pourront fournir dans une marée. La hauteur des bords des pontons au-deſſus de la ſurface de l'eau eſt trop grande, pour que l'on puiſſe craindre que la charge de cinquante pieds cubes de déblai puiſſe faire couler le bateau; c'eſt de quoi l'on s'aſſurera facilement par le calcul. Lorſque le travail ſera fini, & que le montant de la mer mettra le bateau à flot, on le conduira dans quelque partie de la riviere, où les déblais que l'on vuidera en lâchant les chaînes, ne pourront point nuire à la navigation.

Après tous les détails dans leſquels nous venons d'entrer, nous croyons qu'il ne doit reſter aucun doute ſur la réuſſite des moyens que nous propoſons. Le ſeul danger que l'on pourroit peut-être craindre, ſeroit que la condenſation de l'air ne nuisît à l'économie animale des hommes renfermés ſous la caiſſe de compreſſion; mais ſi l'on fait attention que l'excédent de la denſité de notre air comprimé ſur celui de l'athmoſphere, ne répond qu'à une colonne d'eau de cinq pieds & demi, & qu'en traverſant des pays de montagne, l'on éprouve quelquefois de pareilles différences ſans s'en appercevoir, l'on ſera entiérement raſſuré ſur ce danger. Je pourrois rapporter un grand nombre d'expériençes faites à ce

ſujet,

fujet ; mais je me contenterai de citer celles de quelques Phyficiens dont l'exactitude & la fagacité font connues. . . . . M. Mufchembrock (1) dit « que » les hommes fe trouvent affez bien fous l'eau à » une profondeur de trois cens pieds, pourvu que » l'on y renouvelle l'air & que l'on y fourniffe ce- » lui néceffaire à leur confommation ». Si une varia- tion de denfité répondant à une colonne d'eau de trois cens pieds de hauteur ne dérange pas l'écono- mie animale, celle qui répond à cinq ou fix pieds doit être abfolument infenfible. L'on trouve dans la Phyfique du Docteur Défaguilliers (2), que M. Ed- mond Halley a fait lui-même plufieurs expériences en s'introduifant fous la cloche du plongeur, où il renouvelloit l'air au moyen d'un tonneau que l'on defcendoit de la furface de la mer, fans qu'il lui foit jamais arrivé aucun accident. L'on trouve dans le même Ouvrage, une lettre de M. Martin Triewal, qui tenoit du Gouvernement de Suéde, le privi- lége des plongeurs fur le bord de la mer Baltique. Il affure avoir toujours fait avec fuccès fes opé- rations au moyen de la cloche du plongeur de M. Halley : il dit entr'autres chofes remarqua- bles, qu'un des plongeurs dont il fe fervoit étoit âgé de foixante ans, & faifoit ce métier depuis l'âge de vingt ans.

---

(1) Effai de Phyfique, trad. Franç. premiere édit. tom. II, page 680.

(2) Trad. Franç. tom. II, pag. 239.

B

En réfléchiffant fur l'affertion de M. Mufchembrock
& fur les expériences rapportées par M. Défaguilliers,
il en réfulteroit qu'il n'y auroit aucune efpece de
danger à craindre en faifant travailler les hommes
dans un air condenfé fous une colonne d'eau de
trente à quarante pieds de hauteur. Ainfi il paroît
qu'un bateau à air pourroit être de la plus grande
utilité pour exécuter fous l'eau une foule de travaux
qui, jufqu'ici, ont paru impoffibles, ou n'ont été
tentés qu'avec des frais & des rifques énormes. Le
bateau que l'on deftineroit à de grandes conftructions,
pourroit avoir trente ou quarante pieds de hauteur, la
chambre de compreffion auroit quinze ou vingt pieds
de longueur & de largeur, les autres dimenfions du
bateau s'augmenteroient dans les mêmes proportions.

Si l'on vouloit fe fervir d'un pareil bateau pour
fonder une maçonnerie dans la Méditerranée ou
dans le lit profond d'une riviere; après avoir applani
le terrein & y avoir, fi on le croyoit néceffaire, en-
foncé des pilots & coulé un grillage, l'on renfer-
meroit dans la chambre de compreffion, les matériaux néceffaires pour former un établiffement d'un
pied de hauteur fur toute la furface renfermée fous
la chambre; l'on mettroit enfuite à fec le deffous de
la chambre par le moyen des pompes de compreffion, fi les foufflets n'étoient pas fuffifans; l'on cou-
leroit le bateau, & on le mettroit à flot au moyen de
quelques pieds cubes d'eau que l'on introduiroit dans
les pontons, & que l'on vuideroit à volonté.

Pour rendre l'ufage de cette grande caiffe plus

commode, pour pouvoir y renouveller les travail-leurs & y introduire quand on voudra des matériaux & des outils fans laiffer remonter l'eau dans la caiffe, il faudra pratiquer dans la partie fupérieure de la chambre de compreffion, un ou deux petits coffres de quatre ou cinq pieds dans tous les fens, doublés, comme la chambre, d'une lame de plomb : ces cof-fres communiqueront au moyen de deux portes, d'un côté, avec la chambre de compreffion, de l'autre, avec l'air extérieur ; par ce moyen, l'on pourra former un dépôt, & introduire dans la cham-bre de compreffion, tout ce que l'on jugera à propos, fans y diminuer l'état de condenfation néceffaire pour tenir à fec le deffous de la caiffe.

Le rocher de Quillebeuf étant formé de marne, mêlé de lits de filex, la pioche, le pic à roc, des coins & quelqu'autres outils du même genre, fuffiront, je crois, pour en entreprendre le déblai ; mais dans les cas où la dureté du rocher exigeroit que l'on fe fervît de poudre, voici comme on pourroit s'y prendre. Suivons toujours les données de notre exemple. La chambre de compreffion ayant ici onze pieds de hauteur, l'on pourra facilement y manœu-vrer une barre de mineur. Après avoir percé le ro-cher à la profondeur convenable, l'on introduira au fond du trou de la mine, une petite boîte cylindri-que de fer blanc, à-peu-près de même diametre que ce trou ; elle aura la hauteur fuffifante pour contenir la poudre de la charge ; au couvercle de cette boîte, l'on foudera un petit tuyau de fer-blanc de deux ou

tro's lignes de diametre, qui renfermera une com-
pofition d'artifice très-foible, deftinée à porter l'inflammation jufques dans la mine ; le fommet du
tuyau fera enduit de quelque matiere graiffeufe, &
s'élevera au-deffus du niveau de la mer baffe ; on
le foutiendra, fi on le juge néceffaire, avec des
cordages attachés à des pointes enfoncées dans les
joints du rocher pour empêcher les courans de le
rompre ; la mer en montant, mettra à flot le bateau
à air qui couvre la mine ; ou l'éloignera, lorfque
fon bord inférieur fe trouvera plus haut que l'extrémité du tuyau qui contient l'artifice. Lorfque le re-
flux découvrira enfuite l'extrémité du tuyau, une
chaloupe viendra y mettre le feu ; la lenteur de
l'inflammation donnera le tems à la chaloupe de
s'éloigner avant l'explofion.

Dans la Méditerranée & dans le lit des rivieres
où l'on n'a pas le fecours des marées, l'on parvien-
dra à faire jouer les mines fous l'eau, de la maniere
fuivante. Le tuyau de fer-blanc qui contient l'artifice, ne s'élevera que d'un pied au-deffus du rocher,
mais il fera terminé par un tuyau de cuir enduit extérieurement de quelque matiere impénétrable à l'eau,
& intérieurement d'un vernis incombuftible. Ce tuyau
de cuir fera foutenu intérieurement contre la preffion de l'eau par des tuyaux de fer-blanc ou des
cercles de gros fil de fer ; fon extrémité fera fermée
avec foin ; l'on y attachera un corps flottant, afin
que lorfque la mine fera découverte, & que le bateau
fera à flot, l'extrémité du tuyau s'éleve à la furface

de l'eau; un fil foufré que l'on introduira dans le tuyau, ou quelque moyen équivalent, portera l'inflammation jufques dans la mine. La réuffite de cette opération dépendra abfolument du foin que l'on aura pris de rendre le tuyau de cuir impénétrable.

Les objets dont nous nous fommes occupés dans ce Mémoire, paroiffent mériter la plus grande attention, & peuvent changer le fyftême de la plupart de nos conftructions hydrauliques. Le développement de nos côtes nous offre d'excellens baffins, des lits de riviere profonds, mais dont l'ufage eft interdit à nos vaiffeaux par des rochers couverts de cinq à fix pieds d'eau, & dont on n'a pas tenté l'extraction, parce qu'elle exigeroit des dépenfes énormes en employant les moyens ordinaires : nos ports principaux, nos rades, font prefque tous gênés par des rochers qui occafionnent tous les ans des accidens funeftes; les moyens que nous propofons pour s'en délivrer paroiffent fûrs, d'une exécution facile, peu difpendieufe, & nous ne croyons pas qu'il y ait des raifons qui puiffent en empêcher l'effai.

Cependant, malgré la fimplicité des moyens qu'exige ce nouveau genre de travail, l'on ne peut trop recommander aux artiftes qui les premiers voudront faire ufage de nos bateaux, de ne négliger aucune efpece de précautions : dans les chofes neuves, le moindre événement, facile à prévoir & à corriger, fait renoncer pour long-tems à une idée utile : il faut auffi avoir foin d'introduire continuellement du nouvel air dans la caiſſe de compreſſion, tout le tems que le travail durera ; une partie ſervira à la conſommation des travailleurs, & l'autre chaſſera l'ancien air, qui s'échappera entre les joints du rocher par-deſſous la caiſſe & par le tuyau & le robinet placé au ſommet de la caiſſe de compreſſion : ce robinet ſera toujours ouvert de maniere à évacuer la moitié ou le tiers de l'air que l'on introduira continuellement au moyen des foufflets ou des pompes, le reſte s'échappera, comme nous venons de le dire, par le deſſous de la caiſſe.

Notre bateau n'a de commun avec la cloche du plongeur, que le principe de ſa conſtruction. La cloche du plongeur eſt toujours ſuſpendue par une corde & manœuvrée par des cabeſtans ; ſi on veut qu'elle déplace un volume d'eau un peu conſidérable, il faut lui donner un poids énorme, & ſa manœuvre devient très-difficile, pour ne pas dire impoſſible ; s'il arrive un accident, le ſeul homme qu'elle peut renfermer, eſt ſouvent étouffé & noyé avant qu'on puiſſe la tirer de l'eau ; mais avec notre bateau, il paroît que l'on pourra mettre à ſec au milieu des eaux, des ſurfaces de plus de quatre cens pieds quarrés ſans avoir rien à craindre, parce que la partie ſupérieure de notre caiſſe eſt toujours hors de l'eau ; que les travailleurs qui y ſont renfermés peuvent parler avec ceux qui ſont dehors ; que l'air y eſt renouvellé par des courans continuels. La manœuvre de notre bateau ſera dans tous les cas de la plus grande facilité ; elle s'exécute dans l'Océan

par le ſeul mouvement des marées qui le coule &
le met à flot ; dans la Méditerranée & dans les rivieres,
quelques pieds cubes d'eau introduits dans les pontons & vuidés avec des pompes, rempliront le même
objet.

F I N.

EXTRAIT DES REGISTRES

De l'Académie Royale des Sciences,

Du 15 Mai 1779.

Messieurs le Monnier, Lavoisier, Bori & l'Abbé Bossut, Commissaires nommés par l'Académie pour examiner un Ouvrage de M. Coulomb, qui a pour titre : *Recherches sur les moyens d'exécuter sous l'eau toutes sortes de travaux hydrauliques, sans employer aucun épuisement;* en ayant fait leur rapport, dont le résultat est que la méthode proposée par M. Coulomb étant fondée sur des principes certains, paroît devoir réussir dans la pratique, si elle est conduite avec toutes les précautions que l'expérience & la réflexion pourront suggérer en pareil cas; qu'elle est très-importante par son objet, par les différentes applications dont elle est susceptible, par la facilité & l'économie qu'elle apporteroit dans presque toutes les constructions hydrauliques; & qu'enfin elle mérite d'être soumise à l'expérience : l'Académie a approuvé le Mémoire de M. Coulomb & l'a jugé digne d'être imprimé sous son privilége.

En foi de quoi j'ai signé le présent certificat. A Paris, ce 16 Mai 1779.

Le Marquis DE CONDORCET,

Secrétaire perpétuel.

De l'Imprimerie de CHARDON, rue Galande, 1779.

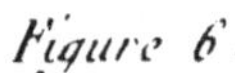

Figure 6.

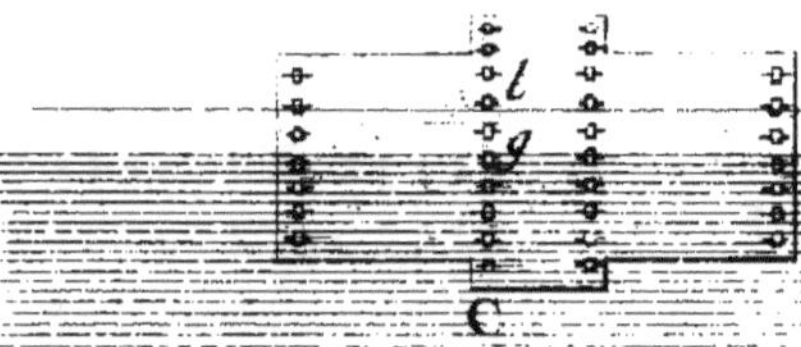

Profil suivant la ligne a. b.

Figure 4.

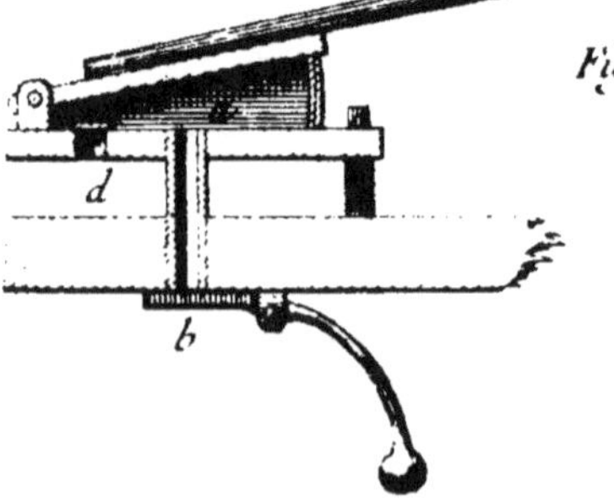

Figure 5.

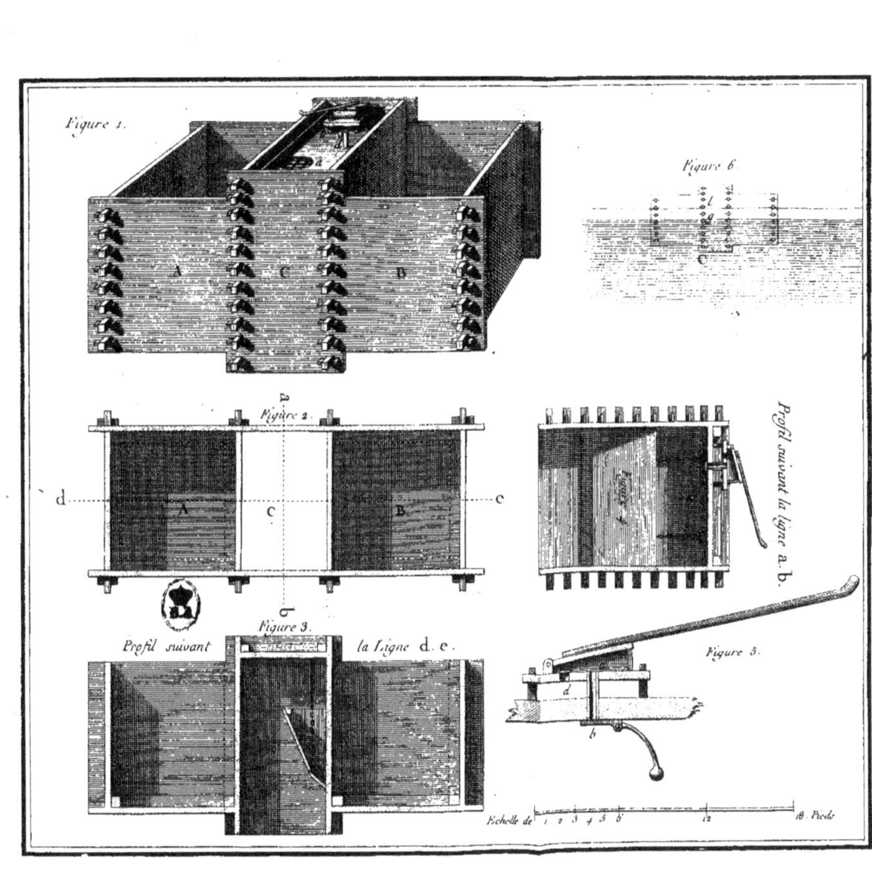

Figure 1.
Figure 6.
A C B
Figure 2.
a
d c
A C B
b
Profil suivant la ligne a. b.
Figure 4.
Figure 3.
Profil suivant la Ligne d. e.
Figure 5.
d
b
Echelle de 1 2 3 4 5 6 12 18 Pieds.